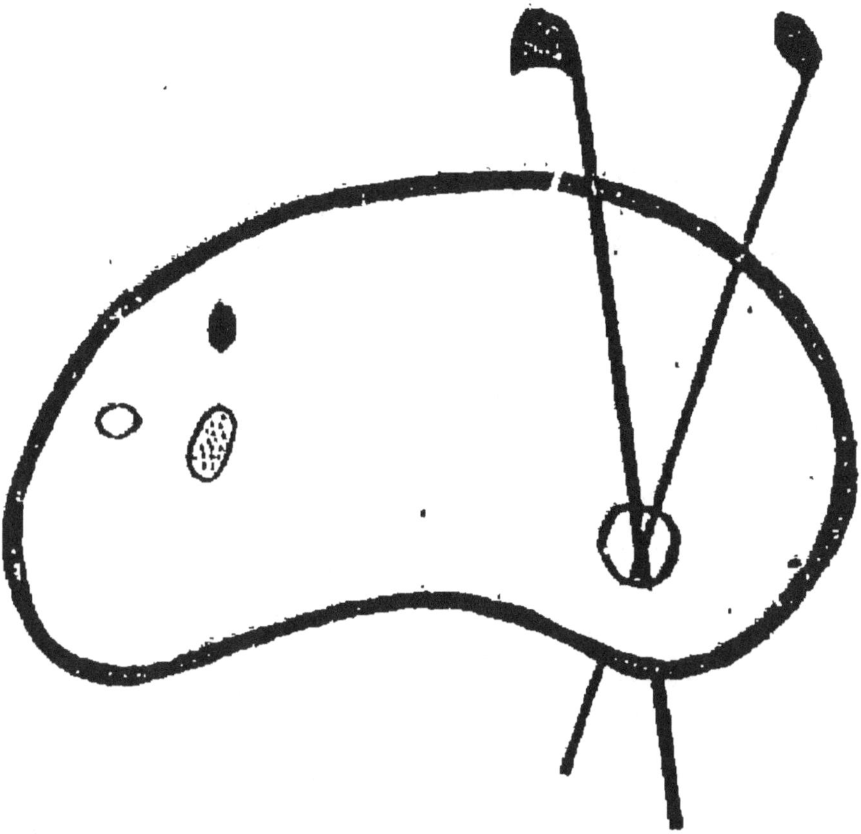

DEBUT D'UNE SERIE DE DOCUMENTS
EN COULEUR

16 MARS 1860   PN

COLLECTION DE M. E. N. *Norblin*
Emile Norblin

DESSINS

ANCIENS

16 et 17 Mars 1860.

Me DELBERGUE-CORMONT | M. B. BLAISOT
COMMISSAIRE-PRISEUR | EXPERT
Rue de Provence, 8. | Rue de Rivoli, 178.

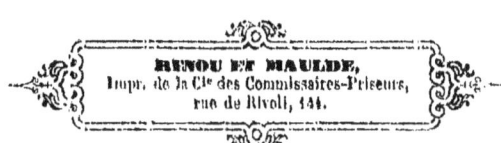

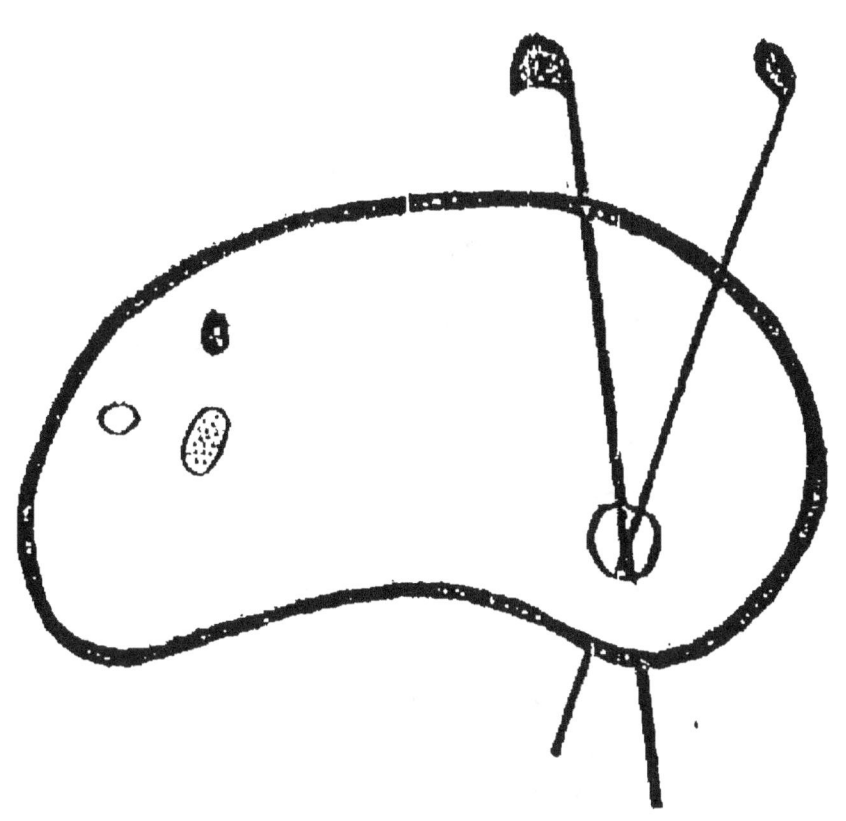

FIN D'UNE SERIE DE DOCUMENTS
EN COULEUR

CATALOGUE

DE LA

BELLE COLLECTION

DE

DESSINS

ANCIENS

Appartenant à M. E. N.....

DONT LA VENTE AURA LIEU

HOTEL DES COMMISSAIRES-PRISEURS

Rue Drouot, n° 5

SALLE N° 8, AU 1er

Les Vendredi 16 et Samedi 17 Mars 1860.

À **2** HEURES PRÉCISES.

Par le ministère de Me **DELBERGUE-CORMONT**, Comm.rt-Priseur, rue de Provence, 8.

EXPOSITION PUBLIQUE
Le Jeudi 15 Mars 1860, de 1 heure à 4 heures.

PARIS
RENOU ET MAULDE
IMPRIMEURS DE LA COMPAGNIE DES COMMISSAIRES-PRISEURS
rue de Rivoli, 144.

1860

CONDITIONS DE LA VENTE

Elle sera faite au comptant.

Les acquéreurs paieront 5 centimes par franc, applicables aux frais.

ORDRE DES VACATIONS.

L'ordre numérique sera suivi, sauf quelques rares exceptions.

Les numéros qui seront divisés sont indiqués par une mention spéciale dans le courant du Catalogue.

COLLECTION DE M. E. N.

DESSINS

ANCIENS

AKEN (J. Van).

1 — Deux jolis paysages sur la même feuille. — Dessins très-rares, finement exécutés au bistre et à l'encre de Chine. — Collections Norblin père et Thibaudeau.

2 — Charmant paysage représentant une vallée au milieu de laquelle serpente une rivière. — Très-beau dessin exécuté à l'encre de Chine. — Collections Norblin père et Mouriau.

ALAERT Van EVERDING.

3 — Vues prises en Hollande. — Deux charmants dessins à la plume lavés de sépia.

ARPINAS (dit LE JOSEPIN).

4 — Jeune femme nue couchée sur un lit à l'italienne. — Charmant dessin exécuté aux trois crayons. — Collection Norblin père.

ASSELIN.

5 — Vue des restes d'un ancien château situé sur le bord d'une route en Italie. — Très-beau dessin exécuté au pinceau et à l'encre de Chine.

BAKHUISEN (L.).

6 — Vue d'une plage : sur le premier plan, des pêcheurs se reposent de leurs travaux ; à quelque distance, on voit une barque et une nacelle; au large, une frégate anglaise rendant le salut à d'autres bâtiments de guerre. — Très-beau dessin à la plume lavé d'encre de Chine. — Collections Goll, 1833, et Cranenburg.

BAKHUISEN (J.).

7 — Jeune dame jouant de la mandoline. — Très-joli dessin à la plume, finement lavé d'encre de Chine. — Les dessins de ce maître représentant des sujets de ce genre sont extrêmement rares.

BARBIERI (Jean-François,) dit LEGUERCHIN.

8 — Un beau paysage, site montueux. — Beau dessin, vigoureusement exécuté à la plume.

BÉGA (L.).

9 — Figure d'homme assis, les jambes croisées. Etude d'après nature. — Beau dessin exécuté à la sanguine.

10 — Jeune paysan tenant son chapeau à la main. — Très-joli dessin parfaitement terminé à la sanguine.

BERGHEM (Nicolas).

11 — L'Ânier. — Un homme vêtu d'un manteau cause avec un autre personnage qui conduit deux ânes. — Très-beau dessin à la plume lavé d'encre de Chine. — Signé et daté 1656. — Ce dessin est connu par l'estampe qu'en a gravée Jean Wisscher. — Collections Claussens et V ᴇ den Zande.

12 — Étude de moutons. — Très-joli dessin à la pierre d'Italie.
— Collection Van den Zande.

13 — Très-beau dessin à la sanguine représentant un bœuf vu
de face. — Collections Norblin et Thibaudeau.

BLOEMAERT (Ab.).

14 — Études d'animaux, : paons, perroquets, etc. — Joli
dessin bien terminé à la plume, lavé de sépia.

BLOEMEN (Van).

15 — Frontispice pour une suite de dessins par différents maîtres. — Composition exécutée à la plume et à l'encre
de Chine.

16 — Un paysage. — Jolie composition exécutée à l'aquarelle.

BOEL (Pierre).

17 — Chien au repos à l'entrée d'une grotte. — Joli dessin à la
plume et à la sépia. — Collection Norblin père.

BOICHOT.

18 — La mise au tombeau. — Grand et beau dessin à la
sanguine.

BOISSIEU (Jean-Jacques de).

19 — Portrait du frère de J.-J. de Boissieu. — Délicieux dessin d'un fini précieux. — Il est exécuté au pinceau et
aux crayons de couleur.

20 — Un autre très-beau dessin, à la sépia et à l'encre de
Chine. — Il représente l'intérieur du caveau d'un
tonnelier; on aperçoit plusieurs futailles.

BOL (Ferdinand).

21 — L'apparition à un saint ermite. — Très-joli dessin à la plume, lavé de bistre, dans la manière de Rembrandt. — Collections Norblin père et Thibaudeau.

BOTH (d'Italie).

22 — Paysage avec figures et animaux. — Délicieuse composition. — Charmant dessin exécuté à la plume et lavé d bistre. — Collection Goll.

BOUCHER (Fr.).

23 — Trois Amours soutiennent un écusson dans lequel on aperçoit un portrait de femme. — Charmant dessin à la mine de plomb.

24 — Un Amour. — Charmant dessin colorié aux trois crayons, de la plus belle manière du maître.

BORSUM (Van).

25 — Canards sauvages. — Deux jolis et rares dessins à l'aquarelle.

BOULLONGNE (L.)

26 — La Sainte Famille, sainte Catherine et saint Jean. — Beau dessin à la pierre noire, rehaussé de blanc sur papier gris. — Collection du comte Nils Barck.

BREEMBERG.

27 — Vue d'un village : on voit plusieurs personnages sur le premier plan. — Joli dessin à la plume et à l'encre de Chine. L'eau-forte que J.-J. de Boissieu a gravée d'après ce dessin y est jointe.

28 — Paysage coupé par une rivière : à gauche, un pont ; sur le devant, plusieurs figures. — Très-joli dessin au pinceau et à la sépia.

BREUGHEL (Jean), dit BREUGHEL DE VELOURS.

29 — Les bords de l'Escaut. — Très-beau dessin animé de nombreux personnages, de barques et d'habitations riveraines. A la plume, lavé de bistre et de bleu. — Collections sir Th. Lawrence, W. Esdale, Donadieu et Thibaudeau.

30 — Un très-beau paysage : vue d'une grande route un jour de marché ; des paysans conduisant leurs bestiaux. — Admirable dessin à la sépia, lavé d'aquarelle.

CASANOVA.

31 — Deux batailles. — Beaux dessins exécutés à la sanguine et au lavis de bistre.

CHAMPAGNE (Philippe de).

32 — Portrait d'homme. — Très-beau dessin, exécuté au crayon et à l'encre de Chine, de la plus belle manière du maître.

CHARDIN (J.-B.-S.).

33 — Tête de jeune fille. — Charmant dessin exécuté aux trois crayons.

34 — Portrait de Mme de Graffigny. — Très-beau dessin exécuté aux trois crayons.

35 — Une tête de cheval près de laquelle on voit une selle et un collier. — Très-beau dessin aux trois crayons.

COCHIN (Ch.-N.).

36 — L'Ile des Fous, opéra-comique mis en musique par Duni. — Très-beau fleuron pour le titre de la partition imprimée ; il représente un avare tenant sa cassette. — Ce dessin est exécuté à la sanguine et très-terminé. — Il provient de la vente Forster. — La gravure qui en a été faite accompagne le dessin. — (N° 258 de l'œuvre de Cochin.)

CONINCK (Salomon).

37 — Un vieillard sommeillant. — Beau dessin exécuté à la plume, dans la manière de Ferdinand Bol. — Collection Van den Zande.

DECAMPS.

38 — Un très-beau dessin représentant une habitation située auprès d'un lac, en Orient; il est exécuté au pinceau et aux crayons noir et blanc sur papier bleu.

38 bis. — Un autre dessin composé et exécuté de la même manière que le précédent.

DEKKER (F.).

39 — Le Singe médecin, consultation grotesque. — Très-curieux et joli dessin à la plume lavé d'encre de Chine.

DIETRICH (Ernest).

40 — Très-joli paysage, signé et daté 1756. — Cabinet Mariette.

41 — Descente de croix. — Beau dessin exécuté à la plume et à l'encre de Chine. — Il provient de la vente Villenave.

DILLIS (Georges).

42 — Chalets sur le bord d'une grande route; effet d'hiver. — Très-joli dessin à l'aquarelle.

DOMINIQUIN (Domenico Zampieri, dit LE).

43 — Un paysage représentant une avenue d'arbres près d'une montagne à pic. — Beau dessin très-spirituellement lavé de sépia.

DU SART (C.).

44 — Réunion de buveurs sous une treille. — Très-beau dessin à la plume lavé d'encre de Chine.

DYCK (Antoine Van).

45 — Portrait de Corneille Schut. — Magnifique et rare dessin d'une parfaite conservation. Il est exécuté au crayon noir, vigoureusement rehaussé d'encre de Chine et de sépia. — On y a joint l'eau-forte qu'en a gravée Lucas Vosterman.

46 — Portrait de Jean de Wael, peintre d'histoire, né à Anvers. — Très-beau dessin à la pierre d'Italie. — On y a joint l'eau-forte gravée par le maître.

47 — Tête d'enfant. — Charmant dessin colorié aux trois crayons.

DYCK (Van) et PINAKER.

48 — Un personnage de distinction accompagné de sa femme et de son fils; ils sont représentés assis et à mi-corps. — Très-beau dessin exécuté au pinceau à l'encre de Chine et lavé d'aquarelle. — Collection Graverats.

ECKOUT (Gerbrandt Van den).

49 — L'hospitalité au couvent. — Très-beau dessin à la plume lavé de bistre. Il est daté de 1648 et provient des collections Revil et Van den Zande.

ESCHARD (C.).

50 — Une tête de vieille Flamande. — Beau dessin exécuté à la plume et au lavis d'aquarelle, dans la manière d'Ad. Van Ostade.

EVERDINGEN (A. Van).

51 — Plusieurs barques et bâtiments abordent au rivage d'un fleuve. — Joli paysage spirituellement exécuté au pinceau et à l'aquarelle.

FLAMEN (Albert).

52 — Paysans flamands dansant au son de la musette. — Joli dessin à la plume lavé d'encre de Chine.

53 — Un repas au bord de la mer ; plusieurs personnages de distinction sont à table. — Joli dessin, pendant du précédent et exécuté de la même manière.

FRAGONARD (H.).

54 — L'éducation de la Vierge. — Magnifique dessin exécuté au pinceau et à l'encre de Chine. L'importance de cette composition en fait une œuvre d'un rare mérite.

55 — Les suites de l'orgie ; composition de douze figures représentant quelques hommes et de jeunes femmes folâtrant après un repas bachique. — Charmant dessin, très-gracieux et vigoureusement exécuté à la sépia.

56 — Le lever des ouvrières modistes ; composition de sept figures. — Charmant dessin exécuté à la sépia.

57 — Jeune fille consultant un nécromancien. — Très-beau dessin au pinceau lavé de sépia. — Collection Marcille.

58 — Très-joli dessin, spirituellement exécuté à la sanguine, représentant une jeune femme assise.

59 — Jeune mère et son enfant. — Joli dessin à l'aquarelle.

60 — Bestiaux s'abreuvant à une fontaine ; composition animée d'un grand nombre de figures et de fabriques dans le goût italien. — Délicieux dessin à la plume et au bistre.

61 — Un joli paysage : bergers se reposant près de leurs moutons, à l'ombre de grands arbres. — Charmant dessin de la plus suave et spirituelle exécution.

GELÉE (Claude), dit LE LORRAIN.

62 — Tobie et l'Ange. — Beau dessin en hauteur, l'une des plus remarquables compositions de Claude Lorrain, qui y a répandu un sentiment délicieux et un grand charme de poésie. Exécuté à la plume et lavé de bistre.

63 — Magnifique étude de paysage : sur le premier plan, à droite, plusieurs personnages près d'une barque; dans le lointain, la mer. — Rare et beau dessin, d'une parfaite conservation, exécuté à la plume et lavé de bistre.

64 — Un navire et plusieurs chaloupes. — Jolie étude à la plume lavée de bistre. — Collection Thibaudeau.

GENOELS.

65 — Pont rustique sur une petite rivière. — Joli paysage exécuté à la plume et lavé d'encre de Chine.

GHAVE (Josué de).

66 — Ruines d'un vieux château sur les bords du Rhin. — Joli paysage à la plume lavé d'encre de Chine.

GIRODET-TRIOSON.

67 — Une marche de spectres et d'apparitions fantastiques. — Très-beau dessin lavé d'encre de Chine et rehaussé de blanc sur papier gris.

GOYEN (Jean Van).

68 — Chariots et voyageurs sur une grande route, en Hollande. — Joli dessin au pinceau lavé d'encre de Chine. — Collection Norblin père.

69 — Pêcheurs tirant leurs filets. — Très-joli dessin à la pierre d'Italie. — Signé V. G. 1651.

GREUZE (J.-B.).

70 — La dame de charité. — Dessin capital du maître. Cette magnifique composition mérite une mention toute spéciale. Elle a été parfaitement gravée par Massard, d'après le dessin que nous offrons aujourd'hui au public et qui nous paraît être l'un des plus complets et des plus beaux de J.-B. Greuze.

GRIMALDI (dit le BOLOGNÈSE).

71 — Un paysage avec fabriques et aqueduc sur le bord d'une rivière. — Beau dessin exécuté à la plume et lavé de sépia.

HEUSCH (Guil. de)

72 — Charmant paysage traversé par une rivière. — Figures et animaux. — Joli dessin, très-spirituellement exécuté à la plume et lavé d'encre de Chine. — Il est signé en haut, à droite. — Collection Thibaudeau.

HILAIRE (J.-B.).

73 — Cavalier tartare. — Charmant dessin exécuté à l'aquarelle. — Signé Hilaire, 1779.

HOLBEIN (Hans).

74 — a Mort entraînant une jeune femme. — Rare et beau dessin en camaïeu.

HONDEKOETER.

75 — Très-joli et rare dessin à la plume, lavé de sépia, représentant une chute d'eau au milieu d'arbres et de rochers. — Signé des initiales du maître et daté 1022. — Collection Norblin père.

HOOGSTRATEN.

76 — Un savant dans son cabinet d'étude. — Joli dessin à la plume lavé d'encre de Chine. — Collection Mouriau.

77 — Jésus chez Marthe et Marie. — Superbe dessin à la plume lavé au bistre. — Collection Norblin père.

HUET (J.-B.).

78 — Vache et son veau dans une étable. — Dessin capital du maître. — Signé *J.-B. Huet, an* IX. — Exécuté au crayon et à l'aquarelle.

79 — Veau, moutons et chèvre au pâturage. — Magnifique dessin exécuté à l'aquarelle. — Il est signé *J.-B. Huet, an* VIII. — Pendant du précédent.

JEAURAT.

80 — Une jeune dame assise dans un fauteuil. Etude d'après nature. — Beau dessin à la pierre d'Italie, rehaussé de blanc sur papier gris.

JORDAENS (Jacques).

1 — Marc-Antoine et Cléopâtre. — Composition d'une grande richesse ; elle renferme quatre figures. — Très-beau dessin légèrement esquissé à la plume et vigoureusement lavé d'aquarelle.

82 — Satyres et Bacchantes. — Très-beau dessin aux trois crayons et à l'aquarelle. — Il est composé de dix figures.

KESSEL (Van).

83 — Vue d'un canal en Hollande : effet d'hiver. — Très-beau dessin exécuté à la pierre noire et à l'encre de Chine

LANGENDICK.

84 — Une revue de troupes sur une place publique, un jour de fête nationale. — Très-joli dessin exécuté à la plume et lavé d'encre de Chine. — Il est signé Langendick, 1799. — Collection Norblin père.

LANTARA (Simon-Mathurin).

85 — Grand paysage : effet d'orage. — Très-beau dessin aux crayons noir et blanc sur papier bleu.

86 — Autre paysage : un clair de lune. — Très-beau dessin exécuté de la même manière que le précédent. — Ces magnifiques dessins sont dignes de figurer dans les plus belles collections d'objets d'art. — Cabinet Norblin père.

LAURI (Philippe).

87 — Le Printemps. — Jolie composition de six figures. — Beau dessin exécuté à la plume et lavé de sépia. — Collection Th. Deamsdate.

LECLERC (Sébastien).

88 — Deux très-jolis dessins (réunions composées d'un grand nombres de figures) exécutés à la plume, à l'encre de Chine et à la sanguine. — Collection Norblin père.

89 — Une feuille contenant quatre dessins, compositions pour des médailles frappées à l'occasion de diverses fêtes et cérémonies, exécutées à la plume et à l'encre de Chine.

LÉPICIÉ (Bernard).

90 — Un homme jouant de la basse. — Beau dessin, d'une grande vérité, exécuté à la sanguine.

91 — Femme assise, vue de dos. — Jolie étude au crayon noir pour l'un des tableaux du maître.

LEPRINCE (J.-B.).

92 — Jeune dame assise sur un sofa. — Très-joli dessin (costume oriental) exécuté à la sanguine. — Collection Greverats.

LINGENBACK.

93 — La visite au caïd. — Vue d'un quai au bord de la mer. Scène animée de nombreux personnages. — Joli dessin finement exécuté à la plume et à l'encre de Chine.

94 — La visite rendue. — Joli dessin formant pendant avec le précédent et exécuté de la même manière.

LIVENS (Jean).

95 — Joli paysage représentant une habitation champêtre sur le bord d'une route, au pied d'une haute montagne. — Très-beau dessin à la plume, lavé de sépia, dans la manière de Claude le Lorrain.

MAAS (Dirk).

96 — Vue d'une grande route située aux abords d'une ville; on aperçoit un cheval et plusieurs voyageurs se dirigeant vers la ville.—Très-beau dessin au pinceau lavé d'encre de Chine.

MALLET.

97 — Deux charmantes gouaches représentant deux jeunes dames à leurs fenêtres (costumes de 1792). — Délicieux dessins d'une exécution et d'une fraîcheur admirables.

98 — Jeune chevalier se donnant la mort près du corps de sa maîtresse. — Beau dessin exécuté à la pierre noire sur papier bleu rehaussé de blanc.

MEER DE JONGE (Van der).

99 — Beau paysage : vue prise du versant d'une colline ; une rivière serpente dans la vallée. — Charmant dessin exécuté à la plume et à l'encre de Chine. — Il est signé V. der Meer de Jonge, 1734.

MOLYN (Pierre).

100 — Paysage : vue prise à l'entrée d'un village, en Hollande ; sur le premier plan, deux hommes et une femme conversant. — Délicieux et rare dessin à l'encre de Chine lavé d'aquarelle. — Il est signé P. Molyn, 1693.

MOREAU (Jean-Marie, le Jeune).

101 — Le départ d'un jeune volontaire de la République ; ses adieux à sa famille. — Très-beau dessin à la plume lavé de sépia.

102 — Un autre très-beau dessin exécuté de la même manière que le précédent. Il représente les délices de la vie champêtre ; le jeune volontaire républicain est de retour dans sa famille.

MOUCHERON (Frédéric).

103 — Un paysage représentant une riche vallée. — Cette belle composition est ornée de fabriques, de figures et d'animaux. Elle est exécutée à la plume et à l'encre de Chine. — Collection Norblin père.

MOUCHERON (Isaac).

104 — Un magnifique dessin à la plume lavé d'aquarelle. I représente un très-beau paysage figurant l'entrée d'une forêt près de laquelle on aperçoit les remparts d'une ville d'Italie. — Œuvre capitale du maître.

NATTIER (J.-Marie).

105 — Portrait d'un personnage de la famille de C. Vanloo. — Beau dessin exécuté aux trois crayons sur papier gris.

NETSCHER (G.).

106 — Jeune dame à sa toilette ; un cavalier lui remet un billet. — Très-joli et rare dessin à la pierre d'Italie. — Il porte au verso un autographe du maître.

NICOLO DEL ABBATE.

107 — Deux cadres renfermant huit très-beaux dessins à la plumes rehaussés de bistre et de blanc, représentant des anges qui tiennent chacun l'un des divers instruments de la Passion. — Ces dessins ont servi à Limosin (de Limoges) pour exécuter les émaux qui font partie de la collection du Louvre ; ils avaient été commandés à Nicolo del Albate.

NICOLLE.

108 — Quatre très-jolis dessins. Ils représentent des vues d'intérieur de cloître en Italie. A la plume, lavés de bistre. — Collection Norblin père.

OMMEGANCK.

109 — Étude (d'après nature) d'arbres et de roseaux sur le bord d'une rivière. — Délicieux dessin exécuté au pinceau et à l'encre de Chine, rehaussé de blanc.

OSTADE (Adrien Van).

110 — Un intérieur flamand. Réunion de quatorze personnages occupés à boire ou à fumer. — Dessin capital du maître, d'une richesse infinie de détails; il est exécuté à la la plume et au lavis d'aquarelle. — A la droite du bas, on lit : *Van Ostade, 1680.* — Les ouvrages d'Ostade qui ont cette importance sont extrêmement rares. — Collection W. Esdale.

111 — Cinq paysans assis, occupés à boire et à fumer; une femme leur apporte un pot de bière; à gauche, un chien couché. — Dessin d'une admirable exécution, à la plume et lavé d'encre de Chine. — On y a joint l'eau-forte qu'en a gravée F. Hillemacher.

Ce beau dessin provient de la collection Van den Zande. La description que nous en donnons est extraite du catalogue rédigé par M. Guichardot.

112 — Intérieur hollandais: personnages et animaux. — Très-joli dessin à la plume finement lavé à l'encre de Chine.

113 — Paysans hollandais représentés assis. — Deux jolis dessins à la plume et à l'aquarelle.

114 — Deux paysans hollandais fumant. — Jolis dessins à la plume et à l'aquarelle.

OUDRY (J.-B.).

115 — Etude de chien. — Beau dessin au crayon noir et blanc sur papier bleu.

PARMESAN (Le).

116 — Les apôtres saint Pierre, saint Jean et plusieurs autres personnages. — Beau dessin exécuté à la sanguine. — Collection Lawrence, etc.

117 — Feuille contenant sept jolies têtes d'étude très-spirituellement dessinées à la plume et lavées de sépia.

PATER (J.-P.).

118 — Dame assise. — Jolie étude à la sanguine pour l'un des tableaux du maître.

PÉRIGNON.

119 — Paysage : colline boisée au haut de laquelle on voit l'église d'un village ; sur le devant, une petite rivière bordée de saules. — Très-joli dessin à l'aquarelle. — Collection Norblin père.

PERUGINO (Pietro).

120 — Saint Jean-Baptiste prêchant. — Très-beau dessin à la plume et au crayon rehaussé de blanc et de bleu. — Les dessins de ce maître étant fort rares, celui-ci peut être choisi, à cause de son importance pour un musée ou pour une grande collection.

POELENBURG.

121 — Ruines d'un ancien Château. — Très-beau et rare dessin à la plume lavé d'encre de Chine et de sépia. — L'eau-forte gravée par Morin y est jointe. — Cabinet Norblin père.

POUSSIN (N.).

122 — Moïse sauvé des eaux. — Très-joli croquis à la plume lavé de sépia.

POUSSIN (Attribué à N.).

123 — L'évanouissement d'Esther. — Très-joli dessin à la plume lavé de sépia.

PRIMATICE (F.).

124 — Saint Michel terrassant le démon. — Admirable dessin exécuté à la plume, lavé de bistre et rehaussé de blanc. — Il provient de plusieurs collections célèbres, de celle de W. Esdale, entre autres.

PRUD'HON (P.-P.).

125   Le triomphe de Vénus. Elle est représentée sur un char traîné par deux colombes; en avant du char, une déesse jette des fleurs sur la terre. — Délicieux dessin ; première pensée de celui qui fait partie de la collection du Louvre.

126 — Charmante tête. Étude pour le tableau représentant l'Ame s'envolant de la terre.—Charmant dessin exécuté aux crayons noir et blanc sur papier bleu. — Collections Jules Boilly et David.

RADEMACKER.

127 — Un très-beau paysage avec figures, près de divers monuments antiques. — Dessin très-capital exécuté à la plume et lavé d'encre de Chine, dans la manière de Moucheron.

128 — Dessin représentant une place publique entourée d'édifices.—Très finement exécuté à la plume et à l'encre de Chine.

REMBRANDT (P. Van Rhyn).

129 — Portrait d'homme. Le personnage est représenté en buste, tournée vers la droite, la tête, portant barbe et moustaches, est vue de trois quarts et coiffée d'un large chapeau.

<small>Ce magnifique portrait résume le talent du maître et ses meilleurs procédés d'exécution ; il a été reproduit en fac-simile dans l'ouvrage publié sous la direction de M. Alph. Leroy. Le défaut d'espace ne nous permet pas d'insérer ici la notice assez étendue de M. F. Villot qui accompagne ce fac-simile dans le recueil que nous venons de citer ; il nous suffira de dire que nous offrons aux amateurs un des plus beaux dessins qui soient sortis de la main de Rembrandt : on ne saurait posséder un type plus accompli des productions de l'homme de génie dont l'école hollandaise tire sa gloire depuis plusieurs siècles.</small>

RAMBRANDT (P. Van Rhyn).

130 — Une très-belle composition (sept figures) pour un de ses tableaux : le Repos en Égypte. — Superbe dessin à la plume légèrement lavé d'encre. — Collection Van den Zande.

131 — Le retour de l'enfant prodigue. — Beau dessin exécuté à la plume et lavé de sépia. — Collection Sylvestre.

ROGMAN.

132 — Cavalier et voyageurs sur une route, au bord de la mer. — Beau paysage d'un très-grand effet, exécuté à la plume et à l'encre de Chine.

ROOS (Henri).

133 — Bergers et bétail au repos près d'une fontaine antique. — Superbe dessin admirablement exécuté à la plume, à l'encre de Chine et au bleu d'indigo. — Il est signé H. Roos. — Collection Thibaudeau.

RUBENS (P.-P.), d'après Polidore.

134 — Grands prêtres et prêtresses assistant un sacrificateur. — Très-beau dessin à la plume lavé d'encre de Chine, de sépia, et rehaussé de blanc. — Collection Goll.

135 — Tête d'enfant. — Beau dessin exécuté aux trois crayons sur papier gris. — Sur la même feuille, Rubens a dessiné plusieurs études de pieds et de mains. — Collections Wisscher et Thibaudeau.

136 — Figure nue ; elle représente un homme sonnant de la trompe. — Ce dessin a été reproduit en fac-simile dans l'ouvrage publié par M. Alph. Leroy. — Collection F. Villot.

SAFT LEVEN.

137 — Chariot et voyageurs sur le versant d'une route, à la la lisière d'un bois. — Délicieux paysage (œuvre capitale du maître) exécuté au pinceau, à l'encre de Chine et à la sépia.

STRY (Van).

138 — Paysage avec personnages et animaux près de quelques ruines. Beau dessin d'un grand effet. — Il est très-énergiquement exécuté à la plume et lavé en couleur. — Collection Van den Zande.

SWANEVELT (dit HERMAN d'ITALIE).

139 — Bœufs et vaches au pâturage, sur le bord d'une rivière. — Très-beau paysage exécuté à la plume et lavé d'encre de Chine. — Collection Thibaudeau.

140 — Joli paysage avec figures ; vue prise des bords d'une rivière. — Exécuté à la plume et lavé d'encre de Chine. — Collection Denon.

SWEBACH.

141 — La brasserie, ou le chariot prêt à charger. — Au verso, un autre sujet représentant la levée d'un camp de troupes. — Deux jolis dessins exécutés à la plume et lavés d'encre de Chine. — Collections Saint et Norblin père.

142 — Halte devant une auberge. — Au verso, un autre sujet représentant un maréchal-ferrant. — Deux jolis dessins à la plume et lavés d'encre de Chine. — Collections Norblin père et Saint.

TAUNAY.

143 — Vue prise en Italie. — Beau paysage avec un aqueduc. A la plume, lavé de bistre. — Ce dessin a été gravé.

TENIERS (David).

144 — Les deux chaumières au bord du chemin. — Joli dessin très-finement exécuté à la pierre d'Italie — Collection Lempereur.

145 — Un intérieur rustique. — Joli dessin à la pierre noire. — Collection Claussin.

TERBURG (G.).

146 — Femme lisant à la lueur d'une lampe. — Beau dessin à la pierre noire sur papier gris rehaussé de blanc.

TOUZÉ.

147 — Jeux d'enfants. — La parodie d'une procession. — Très-joli dessin à la plume lavé d'encre de Chine.

UDEN (Lucas Van).

148 — Un paysage représentant une longue avenue d'arbres à l'entrée d'un bois. Sur la droite, on aperçoit une petite rivière au bord de laquelle est une habitation. — Très-beau dessin d'une grande finesse d'exécution à la plume et au bistre.

VALRAVEN Van AEFTEN (Nicolas).

149 — Une querelle de joueurs au cabaret. — Joli et rare dessin exécuté dans la manière d'A. V. Ostade, à la plume, lavé de sanguine. — Collection Van den Zande.

VANLOO (C.).

150 — Intérieur de l'atelier de C. Vanloo. L'artiste s'est représenté peignant d'après nature. — Très-beau dessin à la sanguine.

VELDE (Ad. Van de).

151 — Paysage avec montagnes, massifs d'arbres et plusieurs animaux très-spirituellement touchés. — A la plume et au lavis de bistre. — Ravissant dessin, d'une finesse d'exécution fort remarquable et des plus rares. — Il est signé : *Adrien Van de Velde, 1670.*

VELDE (Guillaume Van de).

152 — Marine : on voit plusieurs bâtiments sillonnant la mer. — Très-beau et rare dessin à la plume, lavé d'encre de Chine et très-spirituellement exécuté.

VELDE (Jean Van de).

153 — Patineurs sur un canal, en Hollande. — Très-joli dessin à la pierre noire.

VERNET (Joseph).

154 — Un peintre dans son atelier. L'artiste (on suppose que c'est J. Vernet lui-même) est occupé à peindre un paysage. — Beau dessin au lavis d'encre de Chine. — Collection Norblin père.

VINNE (Van der).

155 — Très-joli paysage : vue prise des rives d'un fleuve, avec figures. — Finement exécuté à la plume et lavé d'encre de Chine.

VITRINGA.

156 — Une marine. — Très-joli dessin à la plume lavé d'encre de Chine.

WATERLOO (A.).

157 — Deux jolis paysages, exécutés avec beaucoup de finesse à l'encre de Chine.

158 — Paysages avec fabriques. — Deux dessins sur la même feuille, exécutés à l'encre de Chine.

WATTEAU (Antoine).

159 — Quatre têtes d'étude à la sanguine d'après P.-P. Rubens. — Beaux dessins très-énergiquement traités. — Cet article sera divisé.

160 — Étude d'enfant coiffé d'une toque. — Beau dessin à la sanguine. — Collections Norblin père et Thibaudeau.

161 — Étude de paysage, d'après le Titien, exécutée à la sanguine. — Collection Norblin père.

WEIROTTER (F.-E.).

162 — Paysage avec moulin sur le bord d'un canal, en Normandie. — Très-beau et rare dessin exécuté à la plume et lavé d'aquarelle. — Collections Jules Dupan et Van den Zande.

163 — Un autre très-beau paysage composé et exécuté à peu près de la même manière que le précédent. — Collection Jules Dupan.

WICK (Th.).

164 — Fabriques près d'un aqueduc. — Délicieux dessin exécuté au pinceau et à l'encre de Chine. — Collections Norblin père et Thibaudeau.

WILLE (P.-A.) fils.

165 — Concert et repas champêtres. — Deux très-beaux dessins à la sanguine et à la sépia, portant la date de 1767. — Ils ont été gravés.

WITT (J. de).

166 — Amours forgeant des flèches. — Très-joli dessin à la plume et au bistre rehaussé de blanc.

ZUCCARO (Frédéric).

167 — Tête de guerrier romain. — Beau dessin exécuté aux crayons noir et de sanguine. — Collection Jules Dupan.

Vente des dessins d'E. N..... (Paris, 16 mars 1860)
Delbergue-Cormont. Pas d'expert.
Prix et noms d'après l'ex. de Clement [après 61 1 dessin 250. Lef

#	Prix	Nom	#	Prix	Nom	#	Prix	Nom
1	15	Rolland	28	16		57	42	
2	39	Guichardot	29	57	Malinet	58	15	
3	12	Blaisot	30	50		59	—	
4	25	Carmontè...	31	71	Arosarena	60	48	Arosarena
5	18	Blaisot	32	79	Blaisot	61	26	Gigoux
6	800	Demouret	33	41	Arosarena	62	625	Arosarena
7	20	id	34	175	id	63	1720	Lamme
8	5	Blaisot	35	31	Tros?	64	26	
9	10	Gigoux	36	85	Clement	65	10	Gigoux
10	8	Malinet	37	3		66	11	
11	340	Thiers	38	22		67	32	
12	26		38bis	11		68	20	Arosarena
13	13		39	15		69	10	id
14	7		40	23		70	1120	
15	14		41	50		71	—	
16	17	Arosarena	42	8		72	92	Dreux
17	9	Loiselet	43	4		73	17	
18	34	Gigoux	44	60	Galichon	74	67	Desmarest
19	96	Malinet	45	1200	Desmarest	75	8	
20	22	id	46	10		76	10	
21	8		47	30	Leblanc	77	85	
22	400	Lamme	48	33		78	200	Blaisot
23	46	Arosarena	49	180	Lamme	79	150	id
24	190	Clement	50	10		80	12	
25	3		51	13	Arosarena	81		
26	20	Thibaudeau	52	17		82	80	Arosarena
27	20		53	12		83	19	
			54	215	Walferdin	84	24	
			55	185	Marmontel	85		
						86		
						87		
						88		

EN.   16 mars 160

90			126	320		160	220	
91			127	20		161	11	
92			128	16		162	22	Blaisot
93			129	2500		163	20	
94			130	61		164	41	Pallu
95			131	20		165	57	
96			132	7		166	12	
97			133	45	Dreux	167		
98			134	14				
99			135	30		1	225	
100			136	14		2	130	
101-2	200	Maherault	137	16		3	15	
103	26	Fould	138	30		4	100	Blaisot
104	92		139	61		5	250	
105	29		140	9		6	35	
106	16		141	21		7	8	
107	530	Galichon	142	15		8	52	Jollivard
108	25		143	35		9	180	Clement
109	20		144			10	100	
110	3020	Arosarena	145			11	19	Guichardot
111	110		146	14		12	155	Jolivard
112	26		147	59		13	80	
113	23	Blaisot	148	15		14	106	Blaisot
114	19	id	149	5		15	51	
115	58	Losselet	150	18		15bis	45	"Vue de Rome"
116	14		151	600		16	126	Arosarena
117	10		152	305		17	72	
118	12		153	9		18	89+37+81+62	
119	14		154	10		18bis	250	Thibaudeau
120	260		155	19				
121	8		156	8				
122	5		157	21	Guichardot			
123	5		158	17	id			
124	180	Dreux	159	22	Blaisot			
125	36							

Non catal.:
J. Steen 500 Arosarena
Oudry 47
Fragonard 32
Callot, La chasse 220.

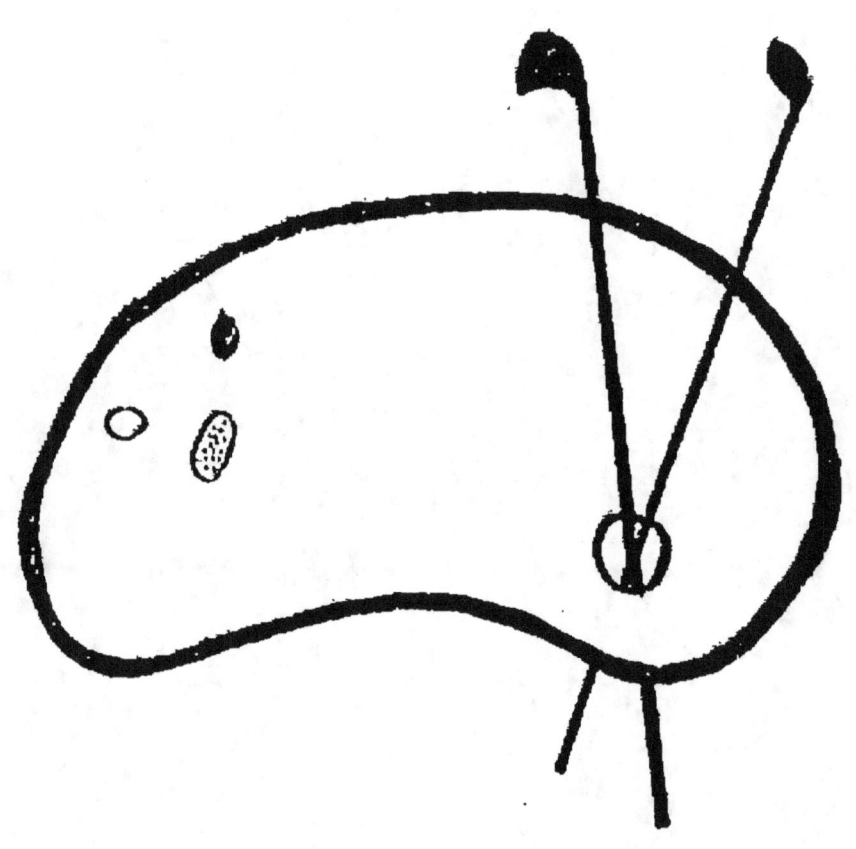

ORIGINAL EN COULEUR
NF Z 43-170-8

www.ingramcontent.com/pod-product-compliance
Lightning Source LLC
Chambersburg PA
CBHW030102230526
45471CB00003B/1218